Ellie Engel ~ Rabrax vom Lilarabenstein®

Eine Weihnachtsgeschichte

Rabrax vom Lilarabenstein®
und
der Schlafzauber

Ellie Engel

Kinderbuch

Impressum

Copyright: © 2016• Ellie Engel • www.ellieengel.de
Herstellung und Verlag: BoD-Books on Demand, Norderstedt
Korrektorat: www.lektorat-mecke.com
Cover/Bilder: Kirsten Hornig, Glaskunst und Design, Blankenburg

Alle Rechte liegen bei der Autorin.

ISBN 978-3-7431-1840-9

Der heimtückische Winter

Die Hexe Rabia hauchte gegen die gefrorene Fensterscheibe. Mit ihrem Finger rieb sie ein winziges Loch, um in die kristallklare Nacht zu sehen. „Wie schön das aussieht", seufzte sie. In ihren Augen spiegelte sich das Funkeln und Glitzern des Schnees wider. Ja, es schimmerte so schön, als wäre Sternenstaub vom Himmel gefallen. Rabia blickte zum Wäldchen und seufzte ein zweites Mal. „Der Winter ist magisch", stellte sie wie jedes Jahr fest. „Wenn man genau hinschaut, kann man in jedem Baum eine fantasievolle Figur erkennen." Rabia kicherte bei dem Gedanken, dass ein paar Tannenbäumchen glatt die sieben Zwerge sein könnten. „Ach ja", meinte sie träumerisch und wandte sich vom Fenster ab. „Der Winter hat soooo schöne Seiten."

Rabrax hockte mit einem magischen Kreuzworträtsel in seinem Käfig und blickte nicht einmal auf. Er teilte die Meinung seiner Hexe ganz und gar nicht. Wenn es nach ihm ginge, könnte der Winter mit seinen kriminellen Eigenschaften abgeschafft werden. „Bäähhh", erwiderte er grimmig. „Wie kann man nur Schnee und eisigen Wind toll finden?"

„Doch, kann man", erwiderte Rabia. „Jede Jahreszeit hat ihre Besonderheit."

„Ja, vor allem der Winter. Der versteckt jedes Jahr eine fette Eisschicht unter dem Schnee und legt andere damit aufs Kreuz!" Rabrax rümpfte seinen Schnabel. „Der ist heimtückisch und gemein."

Rabia lachte, als ihr der letzte gemeinsame Ausflug in den Sinn kam. „Erinnerst du dich an unseren schönen Ausflug, den wir vor ein paar Tagen gemacht haben?"

„Und wie ich mich daran erinnere. Die Sonne stand so tief, dass du uns gegen einen Baum geflogen hast und wir in den Schnee geplumpst sind." Rabrax plusterte sich entrüstet auf. „Überleg mal, Hexe, wie lange wir gebraucht haben, den Besenstiel aus dem Baumstamm zu ziehen."
Jetzt kugelte sich Rabia vor Lachen. „Jaja, genau, das war so witzig!"
„Witzig?", wiederholte Rabrax hitzig. Mit einem mitleidigen Blick auf den Besen hoffte er, einen Verbündeten gegen den Winter gefunden zu haben. „Der Arme hat bestimmt immer noch Kopfschmerzen." Rabrax klackerte mit seinem langen Schnabel, stützte seinen Kopf auf seine Flügel und sagte völlig entschlossen: „Nee, diesen Ausflug fand ich persönlich typisch winterhaft hinterhältig!"
Auffordernd schaute er zum Besen. Wenigstens jetzt hätte er mit einem Zucken und Rucken zustimmen

können. Schließlich hatte er ja mit der Nase im Baum gesteckt. Aber Pustekuchen. Wartel kratzte sich nur verlegen am Stock und sagte lieber gar nichts. Rabrax schnalzte mit seiner Zunge: „Tzzztttzzz", und fühlte sich im Stich gelassen.

Rabia kicherte vergnügt. Die Hexe fand den Ausflug ganz und gar nicht doof oder hinterhältig. Nein, im Gegenteil. Jetzt bekam sie erst recht große Lust, ihren zickigen Raben mit dem Schneeabenteuer aufzuziehen. „Ich fand das so lustig, wie du aus dem Schneehaufen gebrüllt hast: ‚Ich bin blind. Hilfe, ich bin blind!'." Die Hexe musste jetzt so doll lachen, dass ihre Nasenspitze wackelte.

Rabrax kniff seine Augen zusammen und schaute seine Hexe weniger belustigt an. „Mach dich bloß nicht lustig", grummelte er. „Ich sah aus wie ein eingefrorener Schneerabe."

„Ja", neckte die Hexe weiter. „Wie ein völlig verdatterter Schneerabe."

„Pöööh, der Winter hatte mich überrumpelt", warf er entschlossen ein. „Der soll mal im Sommer kommen. Da hat der gegen mich keine Schnitte."

„Der Sommer im Winter?" Jetzt lachte sich Rabia kaputt. Sie konnte sich nicht mehr auf den Beinen halten und ließ sich auf Braxas plumpsen.

„Ich mag kalt und nass nun mal nicht", empörte sich der kleine Rabe. „Oder soll ich das etwa toll finden, dass meine Federn anschließend hundert Stunden brauchen, um wieder zu trocknen? Nee Hexe, das kannste mal vergessen."

„Zum Winter gehört nun mal Schneespaß, Rabrax. Man kann so viel Spaß im Schnee haben. Zum Beispiel bei einer Schneeballschlacht oder auf der Rodelbahn. Ein Schneehäuschen kann man bauen und später einen warmen Tee darin trinken!" Die Hexe liebte den Winter und wollte Rabrax überzeugen, ihn auch zu mögen.

Doch der ließ sich nicht anstecken und beharrte auf seiner Meinung über den Winter. „Nee Hexe, da kannste gerne weiter träumen, aber ohne mich. Ich trink meinen Tee lieber vor dem Kamin und guck mir den Schnee von drinnen an."

Der jähe Gedanke an Eiszapfen an seinem Schnabel steigerte seine schlechte Laune. Mit aufgeplusterten Federn sagte er entschlossen: „Erst wenn der Winter lernt, fair zu sein, und nicht mehr so kalt ist, dann ändere ich – vielleicht – meine Meinung, aber vorher nicht!"

„Ach Rabrax. Es ist eine Jahreszeit. Man kann den Winter nicht ändern, bloß weil man seinen Schnee nicht mag."

„Ja, mag ja alles sein. Kannste auch gerne alles toll finden, aber wie gesagt, solange der sich nicht ändert, ändere ich auch nichts!"

Rabia wollte nicht aufgeben und überlegte, was der Winter noch so alles zu bieten hatte. „Außerdem …" Gerade als die Hexe noch weitere schöne Schneeabenteuer aufzählen wollte, stockte sie plötzlich und wurde ganz blass. Aufgelöst rannte sie zu ihrem Kalender, an dem nur noch das Dezemberblatt hing. Mit ihrem grünen Finger folgte sie einer Zahlenreihe und stellte erschrocken fest: „Auweia, Rabrax, die wichtigsten Tage im Dezember hätten wir bald verpasst. In zwei Tagen haben wir schon Weihnachten."

Der unerwartete Besuch

Rabia war ganz aufgeregt. Noch niemals kam es vor, dass Weihnachten bald vergessen wurde. Nervös zählte sie auf, was noch alles erledigt werden muss: „Wir müssen noch den Schornstein säubern, sonst sieht der Weihnachtsmann später aus wie ein Schornsteinfeger und …"

Rabrax vermutete gleich wieder den kriminellen Winter hinter dem Vergessen des Wcihnachtsfestes. Völlig schockiert schlug er seine Flügel vor den Schnabel. „Wieso kommt Weihnachten dieses Jahr so unerwartet?" Er riss seine Augen auf und hüpfte zum Kalender. „Hat der Dezember eben erst entdeckt, dass er die Tage verloren hat, oder was?"

„Nein, Rabrax, der Dezember kann die Tage nicht verlieren."

„Ach nein? Woher willst du wissen, dass der heimtückische Winter nicht dahintersteckt?"

Rabia schmunzelte und schüttelte ihren Kopf. „Weil – seit man den Kalender schreibt, Weihnachten fest eingetragen wird."

Rabrax schluckte. Er traute seiner Hexe zu, dass sie dem Winter nur Rückendeckung geben wollte.

„Und warum hast du eben erst Weihnachten entdeckt, hä?", hakte er nach.

„Weil ich Weihnachten vergessen habe. Und kein anderer."

Rabrax verzog seinen Schnabel und meinte: „Wer's glaubt."

Rabia merkte, dass alles, egal was sie sagte, auf die Goldwaage gelegt wurde, und lenkte Rabrax auf wichtige Dinge. „Wir haben unsere Hütte noch gar nicht geschmückt. Wie soll der Weihnachtsmann sonst sehen, dass hier jemand wohnt, der Geschenke braucht?"

Das war das Stichwort. Daran hatte Rabrax überhaupt nicht gedacht. Weihnachten bedeutet ja Geschenke. Und ohne Weihnachten keine Geschenke! „Autschiii ja."

Rabrax war ganz bestürzt. Er hüpfte in die Truhe der schwarz-magischen Weisheit und holte eine total verknotete Lichterkette hervor. „Als Allererstes muss die Lichterkette an der Dachrinne befestigt werden, damit der Weihnachtsmann nicht vorbeifliegt."

Rabia, die sich wunderte, warum die Lichterkette nicht bei den anderen Weihnachtssachen lag, fragte: „Wieso ist die Lichterkette in der Truhe?"

„Ach, falls mal ein Einbrecher kommt, hab ich die vorsichtshalber da versteckt."

„Aber was soll ein Einbrecher mit einer Lichterkette?", fragte Rabia überrascht.

„Pöh, der doch nicht", antwortete Rabrax abwinkend. „Ich brauche die, um den Räuber zu fesseln!"

„Fesseln? Räuber?", Rabia verstand ihren Raben gerade nicht. „Wer soll bei uns einbrechen? Und was meinst du,

was so wertvoll ist, dass es einen Einbruch wert ist?"
„Na ähh, puhhh", stotterte Rabrax. „Ich vielleicht?"

Rabia wollte diesen Gedanken nicht zu Ende denken. Kopfschüttelnd hexte sie alle Kisten mit Weihnachtsdekoration hervor. Im Sekundentakt stapelte sich ein Karton über den anderen auf ihrem Sessel. „Halt mal, Braxas", sagte sie zu ihrem Lesesessel. „Wenn Wartel und ich mit dem Schornstein fertig sind, schmücken wir gemeinsam die Stube." Der Lesesessel nickte und entknotete als Erstes die Lichterkette, die Rabrax mühsam über seine großen Sesselohren hievte. Nebenbei schnipste die Hexe nach Wartel und hexte:

„Staub soll weg … es ist nur Dreck.
Ein Zweigespann putzt für den Weihnachtsmann."

Doch ehe sie durch den Kamin sausen konnte, wurde sie von einem fürchterlichen Rumsen und Ruckeln zurückgehalten. Umgehend füllte sich die Hexenstube mit einer dichten Staubwolke, die aus dem völlig verkrusteten Kamin wehte.

Oh weh. Was war das jetzt?

Stocksteif beobachteten Rabrax und Rabia, wie sich ihre Hütte verdunkelte. Verwirrt husteten und wedelten sie den feinen Staub vor ihrem Gesicht auseinander. Stocksteif wie Schornsteinfeger, die vom Blitz getroffen sind, starrten sie auf den Kamin.

„Potzblitz auch, wer ist das?", flüsterte Rabrax. „Weiß der nicht, dass die Eingangstür an anderer Stelle ist?"

Plötzlich kam ihm wieder der Gedanke an einen Dieb. Einbrecher nehmen selten die Eingangstür. Das war doch wohl klar wie Krötenschleim.

Der kleine Rabe, der immer noch nichts weiter sah als eine fette Staubwolke, kehrte auf spitzen Krallen um und entriss Braxas die Lichterkette. „Das ist der Räuber", wisperte er dem Sessel zu. „Ich habs ja immer geahnt."
Doch Rabia hatte eine andere Vermutung, wer sich durch den Schornstein wagte. Gerade wollte sie lachend fragen, ob sich da nicht jemand im Datum geirrt habe, da hörte sie ein jämmerliches Röhren aus dem Kamin.
„Rudolf?", raunte sie überrascht.
„Ja, ich bin es", ächzte es durch den langen Schornstein.

Weihnachten fällt aus

„Was machst du denn hier?" Die Hexe war ganz verdattert. Mit allem hätte sie gerechnet, aber nicht mit dem Lieblingsrentier des Weihnachtsmannes. „Zieh mal bitte an meinen Hufen, ich stecke fest."

Rabia grinste sich eins ins Fäustchen, als sie auf den hervorstechenden Rentierpopo sah. Es sah aber auch zu komisch aus. Kräftig stemmte sie sich dagegen. Die Hexe wollte ihn erst einmal lockern. Dann zog sie mit einem lauten Ächzen seine Hinterhufe nach links und wieder nach rechts.

„Phuuu Rudolf", stöhnte die Hexe, als sie wie wild drückte und schob und stemmte. „Der Jahresurlaub hat deinen Hüften nicht gutgetan. Du steckst selbst in den Schornsteinrillen fest."

Rabrax kicherte und stieß Wartel mit einer Feder an. Wartel nickte belustigt und beide glucksten vor Schadenfreude auf.

Doch dann machte es Ploppblubb und Ploppblubbplopp

und das Rentier stürzte mit dem ganzen Kaminschmutz in die Stube. Keuchend blieb es im Ruß sitzen und wischte sich den Schweiß von der Stirn.

„Na toll", meckerte Rabrax. „Jetzt haben wir noch mehr Dreck in der Hütte."

Rudolf fühlte sich angesprochen und wischte sich peinlich berührt den pechschwarzen Ruß von seiner roten Nase.

Sogleich schimmerte die dämmrige Hexenstube in einem warmen rötlichen Licht und der Dreck fiel gar nicht weiter auf. Selbst an Rudolf nicht. Neugierig kniete sich die Hexe vor Rudolf hin und fragte abermals: „Was machst du hier?" Die Frage war berechtigt. Denn Rudolf tauchte nirgends ohne den Weihnachtsmann auf. „Bist du etwa alleine hier?" Die Hexe schaute noch einmal den Kamin hinauf, nicht dass sie den Weihnachtsmann übersehen hat. Aber bis auf einen blitzblanken Schornstein konnte sie nichts weiter entdecken.

„Du brauchst nicht weitersuchen, ich bin alleine gekommen."

„Hm", wunderte sich die Hexe. „Aus welchem Grund?"

„Wir brauchen deine Hilfe, Hexe Rabia", antwortete Rudolf kläglich und wischte sich eine Träne aus dem Augenwinkel.

„Meine Hilfe? Aber das Weihnachtsgeschäft fällt in euren Bereich. Damit habe ich doch nichts zu tun!"

„Doch, jetzt schon! Wenn du uns nämlich nicht hilfst, dann bekommt niemand ein Geschenk zu Weihnachten. Niemand, verstehst du? Weihnachten fällt dann aus."

Rabia war verdutzt. Aber nicht nur die Hexe machte große Augen.

Rabrax, der sich jedes Jahr ungemein auf sein Weihnachtsgeschenk freute, traute seinen Ohren nicht. Da wagte sich jetzt tatsächlich Rudolf vom Nordpol auf den Brocken, um ihnen zu erzählen, dass dieses Jahr Weihnachten ausfallen soll. Und noch viiiel schlimmer war – dass es keine Geschenke geben soll. Unglaublich! Nee, das konnte die Hexe nicht zulassen. Rabrax regte sich jetzt auf. „Du kannst nicht einfach hier auftauchen und uns sagen, dass es keine Geschenke gibt." Entrüstet stupste er mit seinem Schnabel gegen Rabias lange Hexennase und sagte: „Flieg sofort zum Hexenministerium und leg Beschwerde ein. Der Weihnachtsmann kann nicht einfach mal Weihnachten überspringen, wie er Lust und Laune hat." Der kleine Rabe war außer sich. Weihnachten gab es schon immer und jetzt kommt einer mit 'ner roten Knubbelnase und behauptet, dass es dieses Jahr keine Geschenke geben soll! Wer von den beiden hat sich das denn ausgedacht? Der Weihnachtsmann? Oder der mit der roten Nase? Gibt es bei denen kein Geschenk-zu-Weihnachten-muss-sein-Komitee?

Die Hexe, die ebenso überrascht war wie Rabrax, schüttelte genauso entgeistert den Kopf. „Rabrax hat da schon recht. Man kann nicht einfach mal Weihnachten ausfallen lassen, Rudolf."

„Warum nicht? Es geht dieses Jahr nicht anders." Er überlegte kurz und warf eine Idee ein: „Wir können ja ein Rundschreiben machen, dass der Weihnachtsmann krank ist. Eine Bescheinigung kannst du doch schnell herbeihexen, oder?", meinte Rudolf ernst.

Rabia krauste die Stirn. „Wieso sollte ich ein Attest für den Weihnachtsmann herbeihexen?"

„Weil Weihnachten ausfallen muss", plärrte Rudolf mit

dicken Krokodilstränen. Rabrax und Rabia stutzten.

Stinksauer plusterte sich Rabrax auf eine doppelte Größe auf. „Du komische Lichtnase", schimpfte er. „Weihnachten kann man nicht so an- und ausschalten wie das Licht an deiner Nase!"

Rabrax hüpfte aufgeregt auf den Schoß der Hexe und schnappte hörbar nach Luft.

Rabia ahnte inzwischen, dass da etwas faul war.

Als Rabrax sich weiter über den armen Rudolf hermachen wollte, ging Rabia dazwischen.

„Rabrax, sei bitte mal still. Du lässt ja Rudolf gar nicht zu Wort kommen."

Er wollte gerade wieder seinen Schnabel aufreißen, als die Hexe ihm zuvorkam.

„Ruhig Rabrax. Ich will jetzt ganz genau wissen, warum das Weihnachtsfest ausfällt." Mütterlich legte sie ihre Hand auf seine Schulter und nickte ihm aufmunternd zu. „Rudolf, was ist denn passiert? Der Weihnachtsmann lässt nicht einfach die Kinder im Stich. Das ganze Jahr über freuen die sich auf das Fest!"

Rudolf blickte verstohlen auf die verblichenen Holzdielen in Rabias Stube und sagte kleinlaut: „Er schläft."

„Was?", stieß Rabia überrascht aus.

„Er schläft", sagte Rudolf verschämt.

„Jaja, das habe ich verstanden. Aber das ist lange kein Grund, Weihnachten ausfallen zu lassen!"

„Doch."

„Dann musste ihn wecken, du Dummbaddel", krähte Rabrax dazwischen. Rudolf zuckte hilflos die Schultern und Rabrax hielt ihn für einen völligen Trottel und erklärte ihm, wie man das macht. „Aufrütteln, aufschrecken, alarmieren, aus dem Schlaf reißen oder aus dem Bett schmeißen", krähte Rabrax besserwisserisch.

„Ja, ich weiß, was Wecken ist", schnaubte Rudolf verärgert. „Das haben wir versucht. Seit Wochen schon. Er wacht einfach nicht auf!" Rudolf zuckte mit seinen Schultern und machte ein ratloses Gesicht.

„Dann kipp ihm einen Eimer Wasser über seinen langen weißen Bart, dann wacht der schon auf."

Mit diesem Ratschlag sackte Rudolf in sich zusammen und hätte am liebsten laut geröhrt. Dafür schüttelte er jetzt traurig seinen Kopf und seine leuchtende rote Nase wurde immer blasser. „Wir haben wirklich alles Erdenkliche ausprobiert. Er wacht nicht auf. Er kann nicht aufwachen."

Die Hexe hob fragend ihre Augenbrauen, als sie den letzten Satz hörte. Der hallte in ihren Ohren sogar nach. Er kann nicht aufwachen. Er kann nicht aufwachen …

„Was hast du getan, Rudolf, dass er nicht aufwachen kann?"

Rudolf fühlte sich ertappt und wurde knallrot. Ja, er wurde sogar viel röter, als seine Nase leuchten konnte. „Ach Rabia", seufzte das Rentier und senkte traurig den Kopf. „Ich habe einen großen, großen, dummen Fehler gemacht."
Rabia stockte fast das Herz und sie ahnte Furchtbares. „Ohhh weh, Rudolf", stieß sie entsetzt aus. „Anscheinend war der so dumm, dass du nun meine Hilfe brauchst?"
Rudolf nickte und seine Augen fingen verräterisch an zu glänzen.

Die Eishexe Jäätelö und ihr böser Schlafzauber

„Nun weine mal nicht", tröstete die Hexe und streichelte Rudolf aufmunternd über seine Schaufeln. „Ich glaube, nichts ist unmöglich. Erzähl uns erst einmal, was so

schlimm ist, dass das Weihnachtsfest ausfallen soll."
Rudolf schabte verlegen mit seinem Huf und guckte eingeschüchtert zu Rabrax, der schon ganz ungeduldig mit seinen Krallen auf den Fußboden tippte. „Da bin ich aber gespannt", zickte Rabrax den armen Rudolf an.
„Ja. Ich geb's zu. Ich allein bin schuld!"
„An was bist du ganz allein schuld?", hakte die Hexe nach.
Rudolf zuckte erwischt zusammen und sagte kaum hörbar: „Ich war bei der Eishexe Jäätelö!"
„Waaasss", krächzte Rabrax und bekam Schnappatmung. „Ich glaub's ja nicht." Völlig außer sich schlug Rabrax seine Flügel vor die Augen und hätte am liebsten das Rentier zum Mond geschossen.
„Was sollte ich denn machen, der Weihnachtsmann war letztes Jahr nach seiner Arbeit so erschöpft. Wir hatten tausendmal mehr Geschenke auszuliefern als die Jahre

zuvor. Vor lauter Stress konnte er nicht in den Schlaf finden und da bin ich zur Eishexe Jäätelö zum Nordlicht geflogen und habe einen Schlafzauber geholt."

„Waaass hast du getan?" Rabrax konnte nicht fassen, was das Rentier gerade erzählte. „Die Eishexe Jäätelö ist falsch, böse und hinterhältig. Zu der fliegt man nicht so ohne Weiteres. Und schon gar nicht für einen Schlafzauber."

„Ja, aber ich wollte doch nur helfen. Außerdem hatte Jäätelö mir hoch und heilig versprochen, dass er pünktlich wieder aufwacht. Aber dem ist nicht so. Die hat mich angelogen." Rudolf sackte erneut in sich zusammen und schämte sich für das, was er getan hatte.

Rabrax zog sich wie wild an den Federn und hüpfte krähend durch die Stube.

Zu gern würde er jetzt dem armen Rentier für diese Dummheit einen Denkzettel verpassen.

Doch die Hexe ließ ihn nicht zu Wort kommen und mischte sich ein. Ermahnend sagte sie: „Auch wenn du es nur gut gemeint hast, war es grundverkehrt, diese Hexe um etwas zu bitten."

Und mit einem erhobenen Zeigefinger meinte sie etwas strenger: „Wie oft habe ich euch vor der bösen Eishexe Jäätelö gewarnt. Niemals darf man ihr Vertrauen schenken. Sie mag es, andere zu ärgern. Die sitzt bestimmt jetzt in ihrer Eishütte und lacht sich darüber kaputt, dass die Kinder und wir alle dieses Jahr keine Weihnachtsgeschenke bekommen."

Rabia machte eine Pause und überlegte, wie sie den Weihnachtsmann am besten schnell wach bekommen konnte. Insgeheim ging sie alle Gegenzauber durch, die sie jemals angewandt hatte.

Rabrax nutzte derweil die nachdenkliche Stille und

blinzelte Rudolf aus seinen lilafarbenen Augen wütend an. „Und du, Hornochse, bist schuld!"

„Ich bin kein Hornochse", antwortete Rudolf. „Ich habe Schaufeln, keine Hörner. Und ich bin ein Rentier, kein Ochse."

Rabrax, der Rudolf eigentlich beleidigen wollte, war platt. „Ich meinte das auch im übertragenen Sinne", krähte Rabrax zickig.

„Ich weiß, wie du das meinst", warf Rudolf ein. „Ich kann aber nur immer wieder bestätigen, dass es mir leidtut."

„Dafür kriegen wir auch keine Geschenke", erwiderte Rabrax ungehalten.

„Rabrax", tadelte die verständnisvolle Hexe ihren aufgebrachten Raben.

„Vom ständigen Vorhalten bekommt man auch keine Geschenke. Lass jetzt den armen Rudolf in Ruhe. Ich werde sehen, was ich machen kann, damit alle doch noch ein schönes Weihnachtsfest haben können."

Sie hexte unter ihrem Kessel ein Feuer, nahm geschwind mehrere kleine Gefäße aus ihrem Küchenregal und braute einen Gegenzauber. Der Kessel brodelte fast über, als sie wispernd und leise über ihm etwas sang. Sie rührte den Trunk dreimal links herum und dreimal rechts herum und spuckte achtmal hinein. Endlich sagte sie:

„Es sei vollbracht mit der runden Acht!"

Jetzt konnte es nicht schnell genug gehen. Während sie sich den warmen Umhang überwarf, schnippte sie nach ihrem Besen.

„Besen klein, Besen mein.
Will geschwind am Nordpol sein …!"

Wartel schwebte zu ihr, damit sie schnell losfliegen konnten.

Schlichtend rief sie den Streithähnen Rabrax und Rudolf zu: „Auf geht's zum Nordpol. Oder wollt ihr noch mehr Zeit mit Gezänk vertrödeln?"

Die beiden verstummten und blickten sich verdutzt an.

„Das ging aber schnell", lobte Rudolf die Hexe und stürmte zum Besen.

Rabrax, der schon lange das Vorrecht besaß, bei Rabia vorne auf dem Besenstiel zu sitzen, maulte gleich wieder: „Nee du, das kannste mal vergessen. Das ist mein Platz. Du kannst selber fliegen und uns mit deiner bunten Nase schön den Weg zum Nordpol ausleuchten."

Rudolf, der inzwischen eingesehen hatte, dass es besser war, sich mit dem zickigen Raben nicht anzulegen, nickte stumm, rannte aus der Hütte und startete mit einer strahlend roten Nase in die eisige Nacht. Mit der netten Hexe und ihrem Hexentrunk bewaffnet, war Rudolf nun voller Zuversicht, endlich den fest schlafenden Weihnachtsmann wach zu bekommen.

Fixer wie der schnellste Sausewind düsten sie alle drei über schneebedeckte Wälder und Bergspitzen.

Die Aufweckzauber

Als sie über Berge und Wälder flogen, starrte Rabrax beeindruckt hinunter. Von oben sah alles aus, als hätte man die ganze Welt mit Puderzucker bestreut.

„Schau mal, der Berg dort sieht aus wie ein großer Zuckerhut", meinte Rabrax überrascht und zeigte mit seinem Flügel darauf. „Oder da. Die Tanne könnte glatt der gestiefelte Kater sein."

Die Hexe schmunzelte und freute sich, dass er doch noch etwas Positives am Winter gefunden hat.

Dann dauerte es nicht mehr lange und die drei landeten vor dem festlich geschmückten Häuschen des Weihnachtsmannes.

Hier war schon alles vorbereitet, selbst die Rentiere Dasher, Dancer, Prancer, Vixen, Comet, Cubit, Donner und Blitzen waren schon vor den Schlitten gespannt. Der Einzige, der noch fehlte, war Rudolf.

„Ach Rudolf", stieß Frau Weihnachtsmann freudig aus, als sie Rabia sah. „Du hast es geschafft."

„Das wissen wir noch nicht", antwortete Rabia. „Wir

wollen hoffen, dass mein Gegenzauber den Weihnachtsmann wecken kann."

Frau Weihnachtsmann nickte und schluckte trocken. „Ach herrje, das wäre nicht auszudenken, wenn nicht!", stöhnte sie. Wortlos führte sie Rudolf in den Schuppen und versorgte ihn erst einmal mit einem Batzen Stroh.

Während Rudolf das Stroh mümmelte, ging die Hexe mit Rabrax schnurstracks in das Schlafzimmer zum schlummernden Weihnachtsmann. Nun standen sie neben dem Bett und konnten mit eigenen Augen sehen, dass der Weihnachtsmann tatsächlich tief und fest schlief.

„Ach Weihnachtsmann, mit dir macht man Sachen", seufzte die liebevolle Hexe leise und streichelte ihm über sein schneeweißes Haar. Dann griff sie vorsichtig in ihre Rocktasche, holte das Fläschchen mit dem Hexentrunk heraus und träufelte dem Weihnachtsmann ein paar

Tropfen davon über die Lippen. Als sich die Flüssigkeit verteilte, zog ein feiner grüner Schleier über sein Gesicht, der sich einen Weg in den schnarchenden und grunzenden Weihnachtsmann suchte.

„Ohh jeee, sein Schnarchen klingt wie 'ne Kreissäge", stellte Rabrax fest.

„Stimmt", bestätigte die Hexe. „Jäätelö hat den bösen Schlafzauber extra stark gemacht." Angespannt beobachtete die Hexe, ob sich bei dem Weihnachtsmann schon etwas tat. Über ein Zucken oder auch einen kleinen unkontrollierten Pups würde sie sich jetzt mächtig freuen. Aber nichts dergleichen geschah. Ganz dicht ging sie mit ihrer langen Nase an das Gesicht des Weihnachtsmannes heran, um ein verräterisches Blinzeln zu sehen. Rabrax passte genau auf, was seine Hexe machte. „Der pennt wie ein Murmeltier, ne!", flüsterte Rabrax.

Die Hexe nickte und guckte sehr ernst. „Du brauchst nicht flüstern, Rabrax", sagte sie laut. „Wir wollen ja den Weihnachtsmann wecken, oder? Doch leider würde er nicht einmal wach werden, wenn hier eine Dampflok mit lautem zischendem Getöse durch das Zimmer rollen würde. Die böse Eishexe hat den Zauber versiegelt."
„Auweia, und nun? Fällt jetzt wirklich Weihnachten aus?" Rabia zuckte die Schultern und blickte ratlos auf das Fläschchen in ihrer Hand. „Vielleicht sollte ich ihm alles in den Mund kippen?"
„Ja, mach mal." Rabrax dauerte das alles zu lange. Aufgewühlt trippelte er auf der Bettdecke hin und her.
Rabia aber zögerte.
„Na was, wollen wir nun den Weihnachtsabend und die ganzen Geschenke haben oder nicht?", drängte der kleine Rabe, der längst von einer Ungeduld übermannt wurde.

„Ja schon. Aber die Geschenke sind nicht das A und O am Heiligen Abend."

„Ein pennender Weihnachtsmann auch nicht", brüskierte sich Rabrax und hopste ganz dicht ans Ohr des Weihnachtsmannes. „Hallooooo, wach schnell auf. Ich glaube, du bist ein Pfingstochse. Auf jeden Fall kein Weihnachtsmann mehr."

„Rabrax, bitte. Du bist ganz schön frech."

„Nein, bin ich nicht." Rabrax hüpfte zu seiner Hexe zurück und wisperte: „Ich will ihn mit einem Schock aufwecken. Irgendwie müssen wir doch Weihnachten retten."

„Da hast du recht. Aber bestimmt nicht, indem du dem Weihnachtsmann erzählst, dass er ein Pfingstochse* ist."

** Wikipedia: Im scherzhaften Sinn bezeichnet der Pfingstochse im altbayerischen und österreichischen Raum auch denjenigen, welcher am Pfingstsonntag am längsten schläft. In manchen Orten wird der „Pfingstochse" auch auf einer Schubkarre durch den Ort gefahren, um allen zu zeigen, wer der Langschläfer ist.

Die Hexe stützte ihre Fäuste in die Hüften. „Weißt du überhaupt, was ein Pfingstochse ist?"

„Ja", gluckste Rabrax. „Im alten Brauchtum ein Langschläfer, und wenn der pennende Weihnachtsmann nicht mit einer Schubkarre über den ganzen Nordpol gekarrt werden will, dann ist es für ihn besser, jetzt endlich aufzuwachen!"

Rabia schüttelte ihren Kopf. „Aber Rabrax, der Weihnachtsmann schläft doch nicht freiwillig."

„Mir egal", antwortete der kleine Rabe bestimmt. „Penner ist Penner." Rabrax, der nichts unversucht lassen wollte, zuckte fragend seine Flügel. „Wie sollen wir den denn sonst wach kriegen?"

„Ich würde sagen, so wie es unsere Natur ist – mit Magie."

Als hätte die Hexe das Neuste vom Neuen vorgeschlagen, stupste sich Rabrax gegen den Schnabel und grinste. „Ach ja, da hätte ich auch selber drauf kommen können. Kennst mich ja, ich wollte eben nur nicht schlauer sein als du!"

„Aha, nicht schlauer also", meinte die Hexe und grinste ebenfalls. „So nennst du das!"

Rabrax zuckte daraufhin nur mit seinen Schultern und blieb stumm.

Dafür kramte er tief in seiner Umhängetasche und holte seinen Zauberstab hervor. „Dann wollen wir mal gucken, ob ihn die Magie aus dem Bett holt", krächzte er und schwang seinen Holzstab wie ein alter Zaubermeister und flüsterte:

„Abrax Rabrax …
das ist nicht nett …
komm sofort aus deinem Bett!"

Oh jeee. Das war dann wohl doch nicht der richtige Zauberspruch. Denn der Weihnachtsmann lag im Nu schlafend vor dem Bett und nicht mehr im Bett.

Rabrax schluckte und schielte zur Hexe, die ihre Hände vor die Augen schlug. „Ich versuchs noch mal", sagte er kleinlaut.

„Abrax Rabrax
Ixen Zehne ...
Ab, auf deine Beene."

Diesen Spruch hätte er sich besser überlegen sollen. Denn auch der weckte den Weihnachtsmann nicht, nein, dieser stellte ihn auf die Beine. Ach weh, der Weihnachtsmann wackelte hin und her, als wäre er eine Marionette.

„Raaabrax", schimpfte die Hexe, als der schlafende Weihnachtsmann schnarchend vor dem Bett stand. „Es reicht jetzt. Ich glaube, du brauchst Zaubernachhilfe. Der arme Weihnachtsmann wird von diesem Hin und Her ganz durchgeschüttelt."

Rabrax wollte noch nicht nachlassen. Es gab noch soooo viele Zaubersprüche, die er liebend gerne mal ausprobieren würde. So insgeheim amüsierte es ihn, wie der Weihnachtsmann wie eine Puppe hin und her wippte.

„Genug jetzt", warf Rabia ein und hexte den Weihnachtsmann wieder zurück in sein Bett, wie es sich gehört. „Das scheint alles nichts zu nützen. Ab Neujahr bekommst du Zaubernachhilfe."

Rabrax, der auf keinen Fall in die Nachhilfeschule wollte, meinte treuherzig: „Noch einen Versuch, Rabia", bettelte er.

Die Hexe gab nach und Rabrax konzentrierte sich. Er spreizte seine Beinchen, um auf dem dicken Bauch des Weihnachtsmannes gut stehen zu können, schwang seinen Zauberstab und sagte mit fester Stimme:

„Abrax Rabrax …
Musebrei …
Schlaf, gib ihn frei …!"

Das war jetzt auch ein Zauberspruch, der die Hexe nah an den Weihnachtsmann führte.
Mit ihrer langen Nase dicht an den Weihnachtsmann gelehnt, stellte sie aber nichts weiter fest als Geschnarche und Geschnarche und Geschnarche …

Und plötzlich ...

„Ja, nützt nichts", meinte die Hexe ernst. „Ich werde den ganzen Zaubertrank brauchen, um den Schlafzauber aufheben zu können." Entschlossen träufelte sie dem Weihnachtsmann alles aus dem Fläschchen auf seine leicht geöffneten Lippen.

„Auweia", wisperte Rabrax. „Was passiert, wenn der jetzt einen Überdosisgegenzauberkoller kriegt?" Nervös schlug er sich seine Flügel vor die Augen, linste aber trotzdem zwischen seinen Federn durch.

Erwartungsvoll schauten sie auf den Weihnachtsmann. Wird er jetzt endlich aufwachen oder fällt tatsächlich Weihnachten aus?

Plötzlich zeigte der Trunk tatsächlich Wirkung. Augenblicklich schüttelte und rüttelte sich der Weihnachtsmann. Seine Arme streckten sich wie beim Äpfelpflücken in die Luft und seine Beine zappelten, als wollten sie wegrennen. Er gähnte, schnaufte, grunzte und kratzte seinen dicken Bauch.

Rabrax glaubte an zu viel Gegenzauber und plante schon, schnell das Weite zu suchen, als Rabia ihm erklärte: „Überlege mal, der hat jetzt fast ein Jahr lang geschlafen, der muss erst einmal seine Körperfunktionen testen!"

„Jamjammmmhjam", murmelte der Weihnachtsmann.

Das war das Zeichen, auf das die Hexe gewartet hatte. „Er ist wach", rief Rabia erfreut. „Jetzt muss ich den Hexenspruch aufsagen, damit so etwas niemals mehr passieren kann."

Sie sagte ihn so laut, dass auch die gemeine Eishexe Jäätelö am Nordlicht den Gegenzauber hören konnte.

„Böse Hexe im Vergleich
Rückkehrzauber folgt sogleich.
Niemals mehr – böse Macht –
kannst uns nehmen die Weihnachtsnacht.
Die Hexerei ist vollbracht,
wenn der Weihnachtsmann erwacht!"

Inzwischen stand auch Frau Weihnachtsmann am Bett. Keiner traute sich zu atmen. Und dann, ganz plötzlich, sprang der Weihnachtsmann endlich aus seinen Federn. Er sprang so schnell heraus, dass man denken konnte, eine Bettlaus hätte ihn in den Po gezwickt. Er reckte und streckte sich, hüpfte in seine Stiefel und warf sich seinen Weihnachtsmantel über. „Was steht ihr alle so herum?", fragte er munter wie eh und je. „Wir haben Weihnachten. Es ist nicht die Zeit, Löcher in die Luft zu starren."

Rabrax war überrascht über den springlebendigen Weihnachtsmann. Nichts deutete mehr darauf hin, dass er gerade noch tief und fest geschlafen hatte. Nee wirklich, er tat gerade so, als wäre er aus einem viel zu langen Mittagsschlaf erwacht.

„Was ist mit euch?", fragte er, als ihm seine Frau ein Glas warme Milch und frisch gebackene Kekse reichte. „Mache ich den Eindruck, als sei ich ein Pfingstochse?"

Mit einem freundlichen Zwinkern sah er zu Rabrax, der sofort die Luft anhielt und eine Standpauke erwartete. „Vielleicht habe ich das aber auch nur geträumt", meinte er lachend und Rabrax entspannte sich wieder.

Ein paar Minuten später lenkte der Weihnachtsmann auch schon seinen voll beladenen Schlitten gegen den klaren Mond.

Im Nu roch der ganze Himmel nach Weihnachten. Ein

Duft von Lebkuchen, Mandeln und Äpfeln strömte zu Rabrax und Rabia.

Alle freuten sich. Doch Rudolf war der Glücklichste von allen. Denn nun werden doch noch alle Kinder zu einem schönen Weihnachtsfest kommen.

Der Weihnachtsmann peitschte die Zügel und rief: „Hohoho. Was bin ich doch froh und munter. Jedes Kind bekommt sein Geschenk, denn bedenkt, Weihnachten wird niemals verpennt ..."

Als Rudolf das hörte, führte er den Schlitten schnell wie der Wind durch die eisige Winternacht. Seine Nase strahlte dabei feuerrot und leuchtete dem Weihnachtsmann unermüdlich die Wege von einem Schornstein zum anderen.

Frohe Weihnachten

Nun war endlich der Weihnachtsabend da. Die ganze Aufregung um den schlafenden Weihnachtsmann schon fast wieder vergessen.

Der Gänsebraten brutzelte im Ofen vor sich hin und machte der Hexe und ihrem Raben mächtig Appetit. Von einem Augenblick auf den anderen vernahmen die beiden ein Geräusch im Schornstein. „Der Weihnachtsmann ist da", flüsterte die Hexe und war ganz gespannt darauf, was er ihnen unter die geschmückte Tanne legen würde.

Mit einem Blick auf ihre schwingende Kateruhr stellte sie erleichtert fest, dass er gut in der Zeit lag, alle Kinder sollten inzwischen schon ihre Geschenke geöffnet haben und sich mächtig darüber freuen.

Denn die Hexenhütte auf dem Brocken war wie jedes Jahr das letzte Haus, das der Weihnachtsmann mit einem Geschenk beglückte …

Zufrieden mit sich, und dass sie den Heiligabend retten konnten, stellten sie sich vor, wie der ausgeschlafene Weihnachtsmann liebevoll ihre wohlverdienten Geschenke unter den geschmückten Tannenbaum legte. Derweil stimmten sie in der Küche ein schönes Weihnachtslied an!

„Leise rieselt der Schnee …", krächzte Rabrax und überdeckte Rabias glockenhelle Stimme.

Nebenbei begoss Rabia den Braten und Rabrax deckte festlich den Tisch. Als er Rabias Gabel neben ihren Teller legte, stockte er im Lied und sagte: „Man gut, dass der Weihnachtsmann noch rechtzeitig wach geworden ist. Nicht auszudenken, wenn der tatsächlich das Fest verpennt hätte!"

„Da hast du ausnahmsweise mal recht. Wir können durchaus froh sein, dass es nicht so weit gekommen ist. Lass uns den Kindern und ihren Familien noch schnell ein schönes Fest wünschen, ich habe nämlich einen Bärenhunger. Außerdem möchte ich so schnell wie möglich mein Geschenk auspacken und sehen, was ich bekommen habe."

„Ja, ich auch, ich auch ...", krähte Rabrax und schlug dabei aufgeregt mit den Flügeln.

Rasch öffnete die liebevolle Hexe das Fenster, durch das sofort eisige Luft in die Küche strömte. Rabrax hüpfte neben seine Hexe auf die breite Fensterbank und auf drei riefen beide über den schneebedeckten Blocksberg:

„Fröhliche Weihnachten!"

Leseprobe aus „Rabrax vom Lilarabenstein"
Flugübungen

„Was hast du denn für einen Patienten für mich?", fragte sie mit einem Augenzwinkern. „Fennel und Hazel haben sich köstlich über ihn amüsiert. Ich habe die beiden vor lauter Gekicher überhaupt nicht verstehen können!"
Der Kobold begrüßte die treue Hexe und zeigte auf den ohnmächtigen Vogel.
„Aha, lateinisch Corvus und im Deutschen Rabe genannt." Mit geübten Griffen untersuchte sie den Raben und stellte schnell fest, dass er seinen linken Flügel gebrochen hatte.
„Wie konnte das passieren?", fragte sie den assistierenden Kobold.
„Abgestürzt." Wie die Waldgeister zuvor verpackte auch er ein breites Grinsen in eine knappe Antwort.

„Ach so!" Erstaunt sah die Hexe zum Kobold. „Ein Rabe, der ein eigenes Sternbild am Himmel besitzt, hat keinen Bezug zum Fliegen? Das ist sehr merkwürdig ...

„Hm", brummte der Kobold und schaute etwas ernster auf den schlafenden Vogel.

„Er hat ein Geheimnis, Rabia." Der Kobold weckte bei der Hexe die Neugier.

„So, ehrlich? Was für ein Geheimnis?"

„Seine Augenfarbe. Sie ist anders, Rabia. Sie ist leuchtend lila."

Die Hexe legte ihre Stirn in Falten und dachte angestrengt nach. *Ein Rabe, der nicht fliegt und so eine ausgefallene Augenfarbe hat, hm? Das war wirklich seltsam.*

ISBN: 978-3-7357-7504-7 – Preis: 13,90 €